MIS AMIGOS DIFUNDEN UN RUMOR

BUSCAR UNA SOLUCIÓN

Tú eliges el final

por Connie Colwell Miller • ilustrado por Sofia Cardoso

¿Alguna vez deseaste poder cambiar una historia o elegir un final diferente?

¡EN ESTOS LIBROS, PUEDES HACERLO!

Sigue leyendo y cuando veas esto:

¿QUÉ PASA DESPUÉS?

Ve a la página de esa opción y descubre qué pasa.

En esta historia, las amigas de Harper difunden un rumor sobre ella. ¿Tratará de resolver el problema, o lo dejará pasar? ¡TÚ decides!

"Oye, Harper", dice Danny, "oí que mojaste la cama". Harper se pone roja. "¿Dónde oíste eso?", le exige ella.

"Natalie y Hadleigh nos lo contaron", dice Jay. ¡Se supone que Natalie y Hadleigh son amigas de Harper!

¿QUÉ PASA DESPUÉS?

Si Harper no le dice nada a sus amigas, da vuelta a la página.

Si Harper habla con sus amigas inmediatamente, ve a la página 20.

Las amigas de Harper se acercan a ella para comer juntas. Ella no dice nada. Siente como su enojo va creciendo. Se pregunta cómo sus amigas pudieron difundir ese rumor tan falso.

Natalie dice: "¿Qué onda, Harper?".

¿QUÉ PASA DESPUÉS?

Si Harper confronta a sus amigas, da vuelta a la página.
Si Harper esconde sus sentimientos, ve a la página 16.

Harper decide decir algo.

"Sé que han estado difundiendo un rumor sobre mí. ¿Cómo pudieron hacerlo? ¡Se supone que ustedes son mis amigas!".

Natalie y Hadleigh parecen sorprendidas y avergonzadas.

VE A LA PÁGINA 18 →

Harper se levanta. Las lágrimas ruedan por sus mejillas.

"¡Se supone que son mis amigas, pero difunden rumores sobre mí!", les grita a las chicas. "¡Las odio!".

Sus amigas la miran pasmadas.

DA VUELTA A LA PÁGINA →

Las chicas empiezan a discutir.
Hadleigh dice: "Ay, solo lo hicimos una vez".
Natalie dice: "Sí, solo fue una broma".

Harper se va del comedor enojada y molesta. Ya no quiere ser amiga ni de Natalie ni de Hadleigh.

FIN

Ve a la página 23.

Harper casi no come y no le dice nada a sus amigas. Cuando por fin termina el almuerzo, Natalie y Hadleigh huyen juntas hacia el área de juegos. Voltean a ver a Harper, pero ella no parece tener ganas de jugar con ellas.

DA VUELTA A LA PÁGINA

4C

Con los días, el enojo de Harper crece. Evita a sus amigas hasta que dejan de invitarla a jugar.

El rumor se desvanece. Desearía haberle dicho a sus amigas lo que sentía. Decide que cuando tenga nuevas amigas, será más abierta sobre lo que siente.

FIN

Ve a la página 23.

Harper ignora a Natalie. Natalie se encoge de hombros y se voltea a hablar con Hadleigh.

Harper siente que se le llenan los ojos de lágrimas.

¿QUÉ PASA DESPUÉS?

Si Harper se enoja, ve a la página 8.

Si Harper reprime sus lágrimas, ve a la página 12.

Natalie dice: "Perdónanos, Harper. No nos detuvimos a pensar cómo te sentirías".

Hadleigh dice: "¿Nos perdonas?".

El enojo de Harper disminuye un poco. Ella dice: “Necesito tiempo para calmarme”. Harper sabe que perdonará a sus amigas después de un tiempo, cuando el rumor se desvanezca.

FIN

Ve a la página 23.

Durante el almuerzo, Harper se acerca a sus amigas. Trata de mantener la calma.

Les dice: "Hola. Sé que ustedes dos difundieron rumores falsos sobre mí. Me duele mucho, y quiero que dejen de hacerlo".

DA VUELTA A LA PÁGINA

Natalie responde: “Perdónanos. Nos pareció gracioso”.

“Dejaremos de hacerlo”, agrega Hadleigh.

Después de unos días, el rumor desaparece. Harper perdona a sus amigas. Se alegra de haberles dicho lo que sentía.

FIN

PIENSA OTRA VEZ

- ¿Qué pasó al final del camino que elegiste?
- ¿Te gustó ese final?
- Regresa a la página 3. Lee el cuento de nuevo y elige diferentes opciones. ¿Cómo cambió la historia?

Todos podemos elegir qué hacer cuando otros nos lastiman. Si un amigo difundiera rumores sobre ti, ¿TÚ lo hablarías o lo dejarías pasar?

A mi querida amiga Deborah y sus nietas lindas—C.C.M.

AMICUS ILLUSTRATED es una publicación de Amicus
P.O. Box 227, Mankato, MN 56002
www.amicuspublishing.us

Library of Congress Cataloging-in-Publication Data
Names: Miller, Connie Colwell, 1976- author. | Cardoso, Sofia (Illustrator), illustrator.
Title: Mis amigos difunden un rumor : buscar una solución / por Connie Colwell Miller ; ilustrado por Sofia Cardoso.
Other titles: My friends spread a rumor. Spanish
Description: Mankato, Minnesota : Amicus, [2023] | Series: Tomando buenas decisiones | Audience: Ages 6-9 | Audience: Grades 2-3 | Summary: "In this illustrated Spanish choose-your-own-ending picture book, Harper's friends spread a rumor that she wets the bed. Will Harper confront them or let it go? Will she forgive her friends? Readers make choices for Harper and read what happens next, with each story path leading to different outcomes. Includes four different endings and discussion questions"—Provided by publisher.
Identifiers: LCCN 2022002415 (print) | LCCN 2022002416 (ebook) | ISBN 9781645494782 (library binding) | ISBN 9781681528854 (paperback) | ISBN 9781645494843 (pdf)
Subjects: LCSH: Truthfulness and falsehood in children--Juvenile literature. | Rumor--Juvenile literature. | Friendship in children--Juvenile literature.
Classification: LCC BF723.T8 M54818 2023 (print) | LCC BF723.T8 (ebook) | DDC 177/.3083--dc23/eng/20211221
LC record available at https://lccn.loc.gov/2022002415
LC ebook record available at https://lccn.loc.gov/2022002416

Rebecca Glaser, editora
Kathleen Petelinsek, diseñadora de la serie
Catherine Berthiaume, diseñadora de libra

ACERCA DE LA AUTORA

Connie Colwell Miller es una escritora, editora, e instructora que vive en Le Sueur, Minnesota, con sus cuatro hijos. Ha escrito más de 100 libros para niños pequeños. Le gusta contarles cuentos a sus hijos para enseñarles lecciones de vida importantes.

ACERCA DE LA ILUSTRADORA

Sofia Cardoso es una ilustradora de libros para niños, diseñadora y gastrónoma portuguesa, cuya pasión por la ilustración se remonta a su niñez. Usando una combinación de métodos tradicionales y digitales, pasa sus días creando ilustraciones divertidas, llenas de color y personajes de corta edad que quieren inspirar alegría y creatividad en los niños y en quienes tienen alma de niño.